走遍世界

很简单

ZOUBIAN SHIJIE HENJIANDAN

葡萄牙大探秘

PUTAOYA DATANMI

知识达人 编著

成都地图出版社

图书在版编目（CIP）数据

葡萄牙大探秘/知识达人编著 . — 成都：成都地
图出版社 , 2017.1（2022.5 重印）
（走遍世界很简单）
ISBN 978−7−5557−0305−1

Ⅰ . ①葡⋯ Ⅱ . ①知⋯ Ⅲ . ①葡萄牙－概况 Ⅳ .
① K955.2

中国版本图书馆 CIP 数据核字 (2016) 第 094277 号

走遍世界很简单——葡萄牙大探秘

责任编辑：魏小奎

封面设计：纸上魔方

出版发行：成都地图出版社

地　　址：成都市龙泉驿区建设路 2 号

邮政编码：610100

电　　话：028－84884826（营销部）

传　　真：028－84884820

印　　刷：三河市人民印务有限公司

（如发现印装质量问题，影响阅读，请与印刷厂商联系调换）

开　　本：710mm×1000mm　1/16

印　　张：8　　　　　　　字　数：160 千字

版　　次：2017 年 1 月第 1 版　　印　次：2022 年 5 月第 5 次印刷

书　　号：ISBN 978−7−5557−0305−1

定　　价：38.00 元

前 言

美丽的大千世界带给我们无限精彩的同时，也让我们产生很多疑问：世界上到底有多少个国家？美国位于什么地方？为什么奥地利有那么多知名的音乐家？为什么丹麦被称为"童话之乡"？……相信这些问题经常会萦绕在小读者的脑海中。

为了解答这些问题，我们精心编写了这套《走遍世界很简单》系列丛书，里面包含了世界各国丰富的自然、地理、历史以及人文等社会科学知识，充满了趣味性和可读性，力求让小读者掌握最全面、最准确的知识。

本系列丛书人物对话生动有趣，文字浅显易懂，并配有精美的插图，是一套能开拓孩子视野、帮助孩子增长知识的丛书。现在，就让我们打开这套丛书，开始奇特的环球旅行吧！

路易斯大叔

美国人，是位不折不扣的旅行家、探险家和地理学家，足迹遍布全世界。

多多

10岁的美国男孩，聪明、活泼好动、古灵精怪，对一切事物都充满好奇。

米娜

10岁的中国女孩，爸爸是美国人，妈妈是中国人，从小生活在中国，文静可爱，梦想多多。

目 录

目 录

리 흘

　　看着路易斯大叔手上的图片，米娜好奇地问："路易斯大叔，你也喜欢薰衣草吗？"路易斯大叔说："是啊，出来旅行好多次了，可是无论走到世界的哪一个角落，我都不会忘记薰衣草的味道。"

　　多多调皮地夺过路易斯大叔手中的图片，放在眼前仔细观看：

"路易斯大叔，你很浪漫啊！莫非你想念法国的普罗旺斯了，想带我们去那个到处长满了薰衣草的城市吗？"

米娜高兴地说："我喜欢薰衣草，一想到可以在周围长满薰衣草的小路上散步，看着紫色的波浪，呼吸着那淡淡的薰衣草的香气，我就感觉开心极了。带我们去吧，路易斯大叔！"

路易斯大叔调皮地说："不，那不是我想要去的地方。这样吧，我给你们出一个谜语，看看谁能猜得到。"

说着，路易斯大叔用碳素笔很流利地在报纸上写了一行字：一般的哑巴都很淘气。"看，这是中国的一个常见谜语，谜底就是我想带你们去的地方，看看你们两个谁先猜出来。"

多多扁扁嘴："路易斯大叔，我中文底子有点弱，你有点偏心

哦，肯定米娜会先猜出来。"

米娜大眼睛咕噜咕噜转了两圈："好吧，我努力试试吧！"

路易斯大叔继续收拾旅行背包去了，多多和米娜对着这个简单的谜语，叽里咕噜猜起来，多多说："是不是牙买加？"米娜说："'哑'就是'牙'，不过后面两个字讲不通。"

"有办法了，我们找找世界上和薰衣草有关的地名，然后再对照这个谜语，不就解决问题了。"多多灵机一动提议。

米娜对着多多竖起了大拇指："真棒，多多，这样我们可以很快获得答案的。"

这时，路易斯大叔已经收拾好了旅行背包："孩子们，带'哑'的地名全世界很多，有薰衣草的地方就不多了，再提示一下，我们要去的这个国家，薰衣草是他们的国花。"

多多一拍脑袋："早说呀，路易斯大叔，逗了我们这么半天，我知道了，是葡萄牙，薰衣草是葡萄牙的国花。"

米娜高兴地跳起来："葡萄牙，我向往已久了，终于可以去了，真没想到薰衣草是他们的国花。我知道那里有很多好玩的地方，有很多好吃的，有许多航海名人，还有……"

"快收拾背包吧，那么向往葡萄牙，我们就赶紧收拾，抓紧时间出发吧！"多多打断了米娜的话。

于是，两个人赶紧到房间收拾好自己的旅行背包，接着与路易斯大叔商量旅行事宜。

路易斯大叔、多多和米娜的葡萄牙之旅就要开始了！

第1章

穿越时空的达·伽马

　　坐在飞往葡萄牙首都里斯本的飞机上，路易斯大叔在翻看有关葡萄牙的文字资料，而多多和米娜则在翻看那些有趣的图片。

　　突然，一张陈旧的图片跳入多多的眼帘："这个男人是谁？穿着贵族服装，站在船头，指挥船只。""哦，孩子们，那是葡萄牙人达·伽马，是15～16世纪最伟大的航海家之一。"路易斯

大叔歪过头来对孩子们说。多多好奇地问："达·伽马到过哪些地方？不会做了环绕地球的海上旅行吧！他真有那么伟大吗？"

路易斯大叔解释说："达·伽马没有做过环球旅行，但他从首都里斯本带着船队出发，沿着非洲西海岸，绕过了好望角，再沿着非洲东海岸，一直抵达印度。他的船队打开了西欧通往东方的海上通路，从此把东西方从海路上连通起来，这在当时是一件非常轰动的大事。所以在葡萄牙人的心中，达·伽马是一个大英雄。"米娜好奇地问："我很奇怪，在达·伽马之前，难道从来没有人从海上到达过东方吗？""没有，在达·伽马之前，葡萄牙航海家迪亚士曾经带着船队走过类似的路线，在到达非洲的好望角时，船队遇到了强大的风暴，付出了惨重的代价。迪亚士无奈地返回葡萄牙，这次海上探险以失

败而告终。"路易斯大叔解释道。

多多指着书上的头像问路易斯大叔："既然航海这么危险，为什么有那么多的航海家，比如哥伦布、麦哲伦，还有这位达·伽马，要这么疯狂地进行海上探险？"

米娜皱着眉头说："财富和冒险精神，应该是这些人的思想支柱吧！我刚才看过文字资料，有一个叫马可·波罗的人，他游历中国达17年之久，回国后在一次战争中被俘，在狱中由他口述，他的狱友记录，创作了一部《马可·波罗游记》。据说这部书很快就风靡欧洲。在很多欧洲人的眼里，东方很神秘，很富有，是一个遍地黄金的好地方。因此激起了很多人的欲望。为了财富，很多冒险家开始尝试打通通往东方的海上之路。"

路易斯大叔拍拍米娜的小脑袋："不错，看来你刚才看得很仔细。"

米娜眨巴着大眼睛说："不过，我很奇怪，东方真的有那么大的魅力，吸引了这么多冒险家吗？我也在东方呆过，也跟着大叔您游览了世界很多地方，比较之后，我不觉得东方有多大的魅力呀！"

多多说："你这是典型的'生在福中不知福''只在此山中，云深不知处'的心态。东方有许多西方人眼里很珍惜的东西，譬如香料、茶叶、丝绸、宝石等。这些都成为后来航海家们眼里的热门货。""哦，是这样啊！"米娜向往地说，"我要是生在那个时代就好了，我也可以拥有香料、丝绸、宝石这些东西。"

多多笑着说："其实，现在这

些东西出产得比以前更多，只不过世界各地都能生产，在我们眼里就变得很普遍了，这些宝贝在现代人眼里就失去吸引力了。"

米娜若有所思地望着照片上的达·伽马像："不过，作为第一个打通东西方海上通道的人，达·伽马是怎么做到的？有很多有利的因素吧！"路易斯大叔放下手中的文字资料说："是啊，达·伽马是一个幸运儿。首先他出生于航海世家，耳濡目染，积累了足够丰富的航海经验；其次，他出生于名望显赫的贵族世家，有足够的时间和资本去进行航海探索；第三，他的海上探索，拥有葡萄牙王室的支持；第四，当时达·伽马正值壮年，颇富冒险精神。所以他能够带着庞大的船

队，无畏无惧地航海探险。"

米娜点了点头，打了个哈欠："先讨论到这里吧。我先睡一觉，保证到达里斯本有足够的精神，否则就不能好好陪你们玩了。"多多也打着哈欠说："我也睡了。"两个人沉沉地入睡了。

飞机呼啸着冲向跑道，巨大的惯性把米娜和多多从睡梦中惊醒了，米娜揉揉眼睛说："真讨厌，我正和达·伽马在梦中对话呢，怎么就醒了？"路易斯大叔拍拍米娜和多多的肩膀说："孩子们，打起精神，里斯本到了，达·伽马的故乡到了，开始我们疯狂的葡萄牙之旅吧！"

伟大的航海家——达·伽马

瓦斯科·达·伽马（约1460～1524年），他是葡萄牙著名的航海家，开辟出了欧洲经好望角到印度的海上航路。瓦斯科·达·伽马在他年轻的时候曾经参加过葡萄牙与西班牙之间的战争，战争结束后，他就到了葡萄牙宫廷任职。在1497年的时候，葡萄牙国王派遣他去寻找印度。于是达·伽马就率领四艘船一共140多名水手从葡萄牙里斯本出发，绕过了好望角，经过莫桑比克等地，历经了千辛万苦，终于在1498年到达了印度南部的卡利卡特。后来他又两次到过印度，还被葡萄牙国王封为印度总督。但在他第三次去印度的时候，因为身染疾病，最后死在了印度。

第2章

疯狂的蛋挞

　　从飞机上下来，走出波尔特拉机场，多多和米娜的肚子不约而同地咕咕叫起来。路易斯大叔看看多多和米娜说："我们都饿了，先饱餐一顿葡萄牙美食吧。"

　　米娜指着路边的广告墙对路易斯大叔说："葡式蛋挞，是当地的美食，我们一块吃葡式蛋挞吧。"多多马上举手表决："我赞同。葡萄牙奶油蛋挞，又称葡式蛋塔，中国港澳地区称葡挞，是一种小型的奶油酥皮馅饼，这种蛋挞做得最地道的有两个地方，一是葡萄牙，二是澳门。和世界其他地方的蛋挞不同的是，葡式蛋挞外表看起来并不起眼，它的表面呈现焦黑色，是因为蛋挞表面的焦糖受热过度造成的，但是其味道却居各种蛋挞之首。"

米娜笑着说："你知道得还蛮多。这种葡式蛋挞的起源，说来非常有趣。相传是里斯本杰洛尼莫斯修道院的修女发明的。传说1820年葡萄牙的自由革命之后，所有修道院均被关闭。杰洛尼莫斯修道院的修女为了生存，就尝试着做一些甜点，在隔壁的糖果店出售。没想到甜点竟然意外地一炮打响，迅速被人们接受，成为当地的美味。当地一个大家族在1837年把甜点秘方买下，在修道院旁开了家点心屋，出售以专利注册的'贝伦蛋挞'，于是葡式蛋挞就这样驰名全球。这家有着180多年历史的小店，位于里斯本的贝伦区。"

路易斯大叔哈哈笑起来："好，被你们这样一介绍，大叔也垂涎欲滴了，

　　那我们就去吃'贝伦蛋挞'吧。"站在机场外的路口，拦了一辆出租车，路易斯大叔对司机说："先生，载我们去你们当地最古老的蛋挞店吧。"司机先生高兴地扬起大拇指："你真识货，那就是贝伦区的蛋挞店了，我马上带你们去。"

　　来到蛋挞小店门口。视线中，这家蛋挞店的外观很素朴甚至显得陈旧，店铺门前铺着泛白的瓷砖，中间用青色瓷砖拼出了"贝伦蛋挞"和"1837"两行字。"1837"这个数字赫然昭示了这家小店的悠久历史。店铺门窗上搭着蓝色遮阳棚，棚面上也印着贝伦蛋挞起源于1837年的字样。

尽管不是就餐时间，小店里仍有不少人正排队等着买蛋挞。有很多人从肤色上看明显是外国游客，并且每个人的购买数量还很多。店里暖烘烘的，空气中飘荡着蛋挞的奶油香气和甜丝丝的味道。在餐桌前坐定，路易斯大叔要了三人份的蛋挞外加三杯咖啡。

多多指着柜台里的蛋挞对米娜说："你知道这种蛋挞的制作秘方吗？据说世界上只有两个人掌握这种葡式蛋挞制作秘方。这两个人不能同时出现，防止遇到危险的状况，导致制作秘方失传。"

米娜提提鼻子说："我听说，蛋挞的成分，主要有蛋、奶和糖。其他地方的蛋挞都比较甜，贝伦蛋挞则保持了'蛋'和'奶'的鲜浓。制作时，将饼皮放到一个小圆盆的饼模里，然后将糖和鸡蛋混合而成的蛋浆倒进饼皮里，再放进烤炉里烤就可以了。刚出炉的蛋塔，像花边小碗的形状，外边裹着酥松的饼皮，饼皮颜色金黄，咬一口酥脆无比，'碗'里带着一点焦黑色泽，中间是鲜醇的蛋黄馅，应该能嗅得出层次分明的奶香味。吃的时候，要洒上一点糖粉与肉桂粉。"

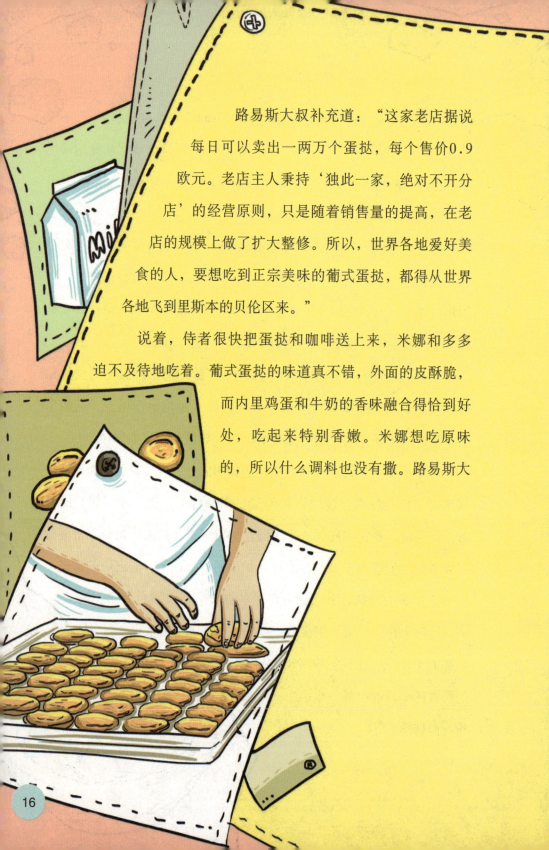

路易斯大叔补充道："这家老店据说每日可以卖出一两万个蛋挞，每个售价0.9欧元。老店主人秉持'独此一家，绝对不开分店'的经营原则，只是随着销售量的提高，在老店的规模上做了扩大整修。所以，世界各地爱好美食的人，要想吃到正宗美味的葡式蛋挞，都得从世界各地飞到里斯本的贝伦区来。"

说着，侍者很快把蛋挞和咖啡送上来，米娜和多多迫不及待地吃着。葡式蛋挞的味道真不错，外面的皮酥脆，而内里鸡蛋和牛奶的香味融合得恰到好处，吃起来特别香嫩。米娜想吃原味的，所以什么调料也没有撒。路易斯大

叔和多多则比较喜欢浓重的口味，于是在蛋挞上撒了不少肉桂粉和糖粉，味道又别具风格。三个人美美地享受了一顿美食。

吃完后，米娜和多多与厨师合影留念。路易斯大叔叫了出租车，把行李搬上出租车，三个人开始在里斯本街头找住处。

第3章

青花瓷的世界

　　走在里斯本街头，多多一边打量街道两边的楼房，一边念念有词。米娜奇怪地问："多多，你发现什么秘密了吗？"多多心不在焉地点头。米娜的好奇心立马提了起来。

　　多多突然对米娜说："你们中国人喜欢青花瓷吧？"米娜点头：

"当然了，中国是瓷器的故乡，从商代起中国就出现瓷器了。后来的唐代、宋代乃至明清时代，瓷器更得到了飞跃式的发展，出现了很多的精品。在中国古代的对外贸易往来中，瓷器是很重要的商品。"

看着米娜说得眉飞色舞的样子，多多拍拍米娜的肩，神秘地说："你来葡萄牙这么多天了，你发现了吗？葡萄牙人很喜欢青花瓷哦。"多多拉着米娜开始在街道上搜寻。果然没多久，米娜也发现了青花瓷的踪迹："多多，你的意思我懂了，你指的是葡萄牙人喜欢蓝色的瓷砖吗？"多多点头。

米娜不解地问："葡萄牙人为什么对瓷砖这么钟情？"多多说："葡萄牙语中的'瓷砖'一词来源于阿拉伯语，意思是'光滑的小石头'。随着欧洲航海业的发展，东方的珍贵文物流通到欧洲，尤其是光润柔美的硬质瓷器，更为王公贵族所珍爱。而从中国运来的瓷器价值超过了黄金，成为地位和财富的象征。在这种情况下，欧洲各国掀起了竞相仿制中国瓷器的热潮。葡萄牙瓷砖画的矜贵在于每块瓷砖上的图案都要由人手工绘制，被复制的几率很小，基本都是订制款。很长一段时间，瓷砖画是葡萄牙上流人士身份的象征，只有权威的统治者及有钱的富人才请得起工匠、购得起材料来表现如此奢侈的艺术。装饰的瓷砖愈多，愈是地位不凡。"

米娜扑哧乐了："多多，你知道葡萄牙的谚语吗？不少都与瓷砖有关哦！譬如'光鲜的瓷砖下面，只是不起眼的泥浆''永远只选自己负担得起的瓷砖''铺好瓷砖只是工程的一半，得

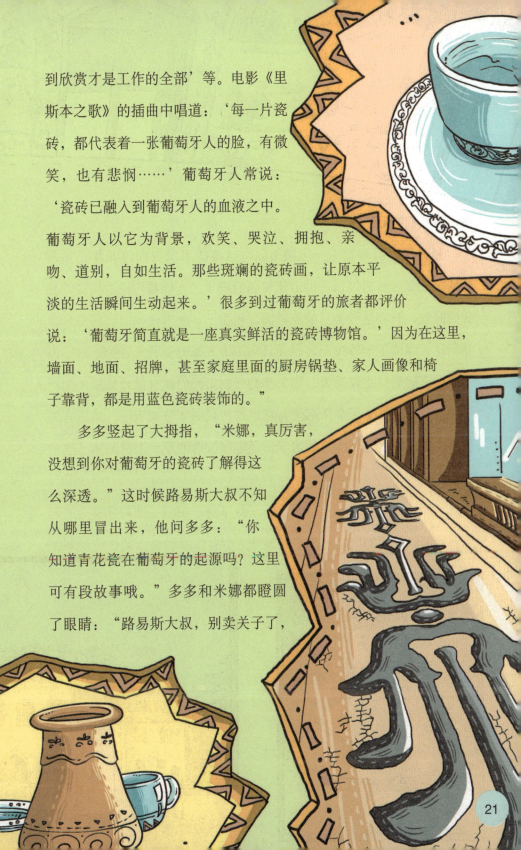

到欣赏才是工作的全部’等。电影《里斯本之歌》的插曲中唱道：‘每一片瓷砖，都代表着一张葡萄牙人的脸，有微笑，也有悲悯……’葡萄牙人常说：‘瓷砖已融入到葡萄牙人的血液之中。葡萄牙人以它为背景，欢笑、哭泣、拥抱、亲吻、道别，自如生活。那些斑斓的瓷砖画，让原本平淡的生活瞬间生动起来。’很多到过葡萄牙的旅者都评价说：‘葡萄牙简直就是一座真实鲜活的瓷砖博物馆。’因为在这里，墙面、地面、招牌，甚至家庭里面的厨房锅垫、家人画像和椅子靠背，都是用蓝色瓷砖装饰的。"

多多竖起了大拇指，"米娜，真厉害，没想到你对葡萄牙的瓷砖了解得这么深透。"这时候路易斯大叔不知从哪里冒出来，他问多多："你知道青花瓷在葡萄牙的起源吗？这里可有段故事哦。"多多和米娜都瞪圆了眼睛："路易斯大叔，别卖关子了，

快说给我们听吧！"

路易斯大叔咳嗽了一声说道："这段故事发生在1498年，葡萄牙的国王堂·曼努埃尔一世出使邻国西班牙，当他看到造型精美的瓷砖的时候，就被这种美丽的瓷砖深深吸引了。所以他一回到葡萄牙，立刻让人建造了辛特拉王宫，并且购买了大量的瓷砖来装饰王宫。由于这种瓷砖进口比较昂贵，后来葡萄牙的工匠们就自己开始模仿生产了，而且很快整个葡萄牙都流行起用这种瓷砖来装饰房屋。从王宫到教会、修道院、老百姓住的房子，还有市政府的建筑上都贴满了这种瓷砖。"

"哦，原来是这样。"多多听了故事终于明白了葡萄牙瓷砖的起源。米娜则疑惑地问："那么葡萄牙人为什么会钟情于蓝色瓷砖呢？

而且其风格与中国的青花瓷很接近？"路易斯大叔不再说话，拉着两个人直奔里斯本的瓷砖博物馆。

走进博物馆，指着墙壁上的青花瓷，路易斯大叔说："葡萄牙人说，蓝色瓷砖象征着大海，是大航海时代让瓷砖成了欧洲最珍贵的礼物。其实葡萄牙并非瓷砖的首创之国，但是聪明的葡萄牙人不仅从荷兰、西班牙和阿拉伯人那里学到了瓷砖制作技法，还大胆地将人物、史实画上瓷砖，甚至还大量地借鉴了中国的瓷绘艺术。葡萄牙前总理古特雷斯访华时，还特地造访上海博物馆，欣赏青花瓷瓶，戏称'这是葡青花瓷砖的表叔'。"

米娜点头："我明白了，葡萄牙的这些瓷砖其实是起源于中国，后来葡萄牙人仿制并发扬光大，形成了本地的特色。"路易斯大叔点

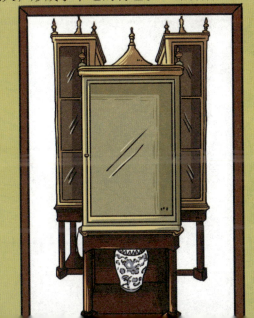

头："是这样的。"

跟着路易斯大叔，上了一堂关于葡式青花瓷的课，再仔细欣赏瓷砖博物馆里那些正在展出的金碧辉煌的瓷砖，米娜和多多觉得自己仿佛变成了内行。墙面上、地面和展柜里的青花瓷瓶，无不昭示着葡萄牙人民的聪明和智慧。

葡萄牙人常说，瓷砖在一定程度上代表着本国的艺术造诣。葡萄牙有10多处景点被联合国教科文组织列为人类文化遗产，而这其中，瓷砖功不可没。米娜和多多深深喜欢上了葡式青花瓷的美，喜欢上了蔚蓝色！

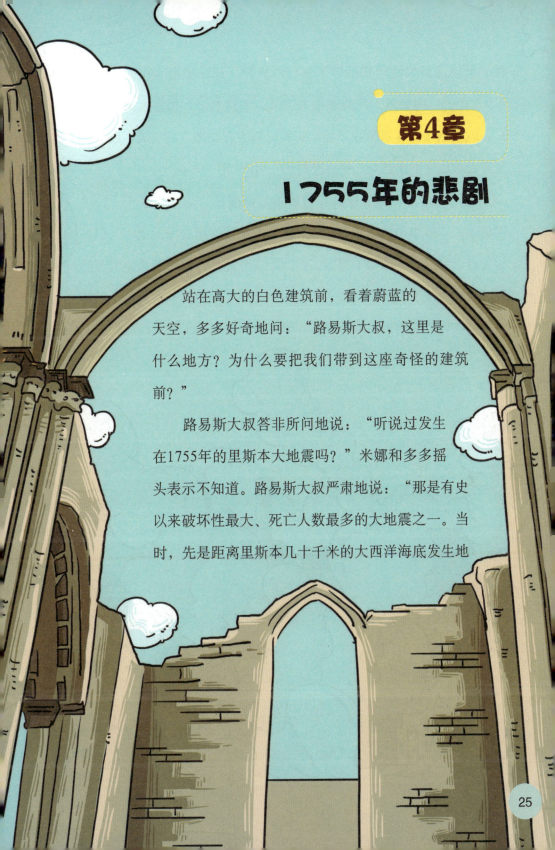

第4章

1755年的悲剧

　　站在高大的白色建筑前，看着蔚蓝的天空，多多好奇地问："路易斯大叔，这里是什么地方？为什么要把我们带到这座奇怪的建筑前？"

　　路易斯大叔答非所问地说："听说过发生在1755年的里斯本大地震吗？"米娜和多多摇头表示不知道。路易斯大叔严肃地说："那是有史以来破坏性最大、死亡人数最多的大地震之一。当时，先是距离里斯本几十千米的大西洋海底发生地震，据说这场大地震仅持续了三到六分钟，却在里斯本市中心制造了5米宽的巨大裂缝。地震来得太突然、太猛烈了，很多人来不及逃亡，就被倒塌的建筑砸在下面，瞬间里斯本有些地方就变成了废墟。可是灾难远远不止这点，更残酷的还在后面。"

讲述到这里，路易斯大叔仿佛被恐惧攫住，他停顿了一下，接着讲述："海水迅速退去，很多沉船和货物都裸露在海面上，人们以为灾难已经过去，放松了警惕。约四十多分钟后，海啸袭来，滔天的巨浪很快冲进了里斯本。那些在地震中被损坏的房屋被冲毁了，那些来不及逃亡的人们被巨浪吞噬了，而且海啸还引起了大火，大火连成

片，足足烧了五天才被扑灭。"

听着路易斯大叔的讲述，多多和米娜想象出当时的情景，大地震、海啸、大火，估计当时繁华的里斯本应该被彻底摧毁了。此刻，路易斯大叔从刚才的激动情绪中似乎缓过来，他看着多多和米娜惊恐的表情说："是的，天灾人祸，当时的里斯本几乎彻底被摧毁了，据说这场大灾难夺去了约9万里斯本人的生命，有85%的建筑物被毁，很多资料也被毁掉。葡萄牙的国力大受重创，殖民帝国慢慢衰落了。"

米娜看着眼前的白色高大建筑，用手摸摸那些石柱说："我明白了，这座建筑应该是地震遗址，用来纪念这段历史，悼念逝去的民众的。"路易斯大叔点头默认。这时他们转到了另一处，多多指着石碑上的刻字说："哦，原来这是被地震摧毁的嘉模修道院的遗址。看看现在的气势，

27

当初这座修道院的规模应该很大，建筑也很气派。"路易斯大叔说：

"是的。幸运的是，当时的国王约瑟一世和重要的大臣在早上做完弥撒后，就离开了里斯本，从而躲过了这场毁灭性的灾难。"

多多问："灾后的重建应该更难吧？看看现在繁华漂亮的里斯本，我们丝毫感受不到当初受灾时的惨状。"

"是啊，重建更难。国家顾问在这次灾难中幸存下来。他派人扑灭了里斯本的大火，同时为了避免大规模瘟疫的爆发，还移走了尸体，实行大规模的海葬。地震和海啸带来了混乱，当时的里斯本城一边重建，一边还要防止歹徒趁火打劫。国王和首相则聘请了很多建筑师重新对城市进行规划设计，不到一年时间，里斯本就渐渐恢复了原

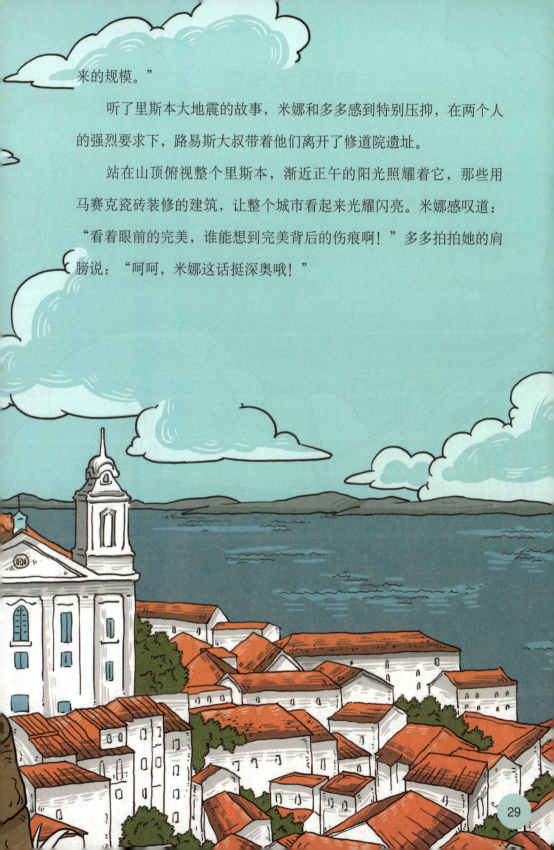

来的规模。"

听了里斯本大地震的故事，米娜和多多感到特别压抑，在两个人的强烈要求下，路易斯大叔带着他们离开了修道院遗址。

站在山顶俯视整个里斯本，渐近正午的阳光照耀着它，那些用马赛克瓷砖装修的建筑，让整个城市看起来光耀闪亮。米娜感叹道："看着眼前的完美，谁能想到完美背后的伤痕啊！"多多拍拍她的肩膀说："呵呵，米娜这话挺深奥哦！"

里斯本大地震

　　里斯本大地震是欧洲历史上最大的一次地震，它发生于1755年11月1日早上9时40分，这场大地震一共造成了十多万人死亡。大地震过后，又引起了海啸和火灾，几乎摧毁了整个里斯本。海啸引起的浪头大概有15米高，法国、英国和荷兰的港口都受到了海啸的波及，就连在美洲海岸也能看到海啸引起的大海怒号。这场大地震带给葡萄牙致命的创伤，从此以后葡萄牙建立起来的庞大的殖民帝国也开始走向衰败。据估计，这次地震震级达到里氏9级，也是人类史上破坏性最大的地震之一。

第5章

踏访贝伦塔

离开修道院的遗址，多多提议去看贝伦塔，米娜好奇地问："贝伦塔好看吗？"

多多说："当然好看，虽然名为贝伦塔，可是整体看，它更像一座美丽的白色古堡，坐落在特茹河的北岸、贝伦区的河岸边。这座塔建于1514—1520年，至今已有约500年的历史，是为了防卫贝伦区的港口和圣哲罗姆派修道院而建的。塔身全部由大理石砌成，首层设有大炮和炮台，底层为储藏室，后来成为关押犯人的地方。据说每当涨潮的时候，顶部的塔楼如同浮在河面上，漂浮不定，恍如仙境。"

路易斯大叔问米娜："还想不想去了？"米娜调皮地说："这么好看的地方，当然要去了。"

三人乘着无轨电车，来到贝伦区，漫步到河边，远远便看到了气势非凡的贝伦塔。越过铁桥，走进白色的贝伦塔中，米娜对那些大炮、窗户、圆柱等东西喜欢极了，她不停地摸摸这里，动动那里。"这些东西的造型好奇怪啊！路易斯大叔给我们介绍一下吧！"

多多接过话题："米娜，在来之前，我可是通过书籍、网络认真了解了贝伦塔的。让我来给你说说吧。你知道是谁提出要建造贝伦塔的吗？是葡萄牙国王若昂二世。建造贝伦塔的主要目的是进行防御。贝伦塔的总建筑师是一个叫弗朗西斯科·德·阿鲁达的人，他用了很多国外的建筑元素。你看，岗亭顶端的炮台像不像一个胡椒粉的盒子？因为是在葡萄牙国王曼努埃尔一世时建立的，为了

彰显国王的无上地位，塔上的很多地方都有曼努埃尔式的象征物，比如耶稣十字、点缀的石结等。这些装饰让贝伦塔成了里斯本最完美的建筑之一。"

路易斯大叔指着脚下的贝伦塔说："你知道吗？这里不光是起防御作用的，也是当年像哥伦布等敢于冒险的航海家扬帆出海的地方，它见证了葡萄牙那个最辉煌的航海时代。随着时代的变迁，贝伦塔失去了最初的建造意义，它先后被用作海关、电报站、灯塔，也曾被用作监狱。据说，罪越重的犯人，就关得越靠近底层。当涨潮的时候，底层的犯人就会被淹死。"

"啊？原来这里也有摧残生命的故事存在啊！"米娜的眼里忽然噙满了泪水，尽管他们是犯人，可他们也是生命啊，这样做不是太过残酷吗？米娜觉得心里很闷，她有股透不过气的感觉。于是，米娜快步走出壁垒，来到了平台上。

　　看米娜脸色很不好，为了缓和气氛，路易斯大叔带着米娜、多多走向塔内。在第二层的阳台上米娜看到了一个巨大的雕饰，她问多多："这是什么？"

　　多多指着雕饰说："这是曼努埃尔一世国王之盾。盾的正面是用皇家符号和曼努埃尔式的元素装饰的，看起来很奇特，很有气势，来这里的游客都夸赞说这个雕饰好看呢！"米娜仔细端详这个雕饰，喜欢得不得了。

　　看到米娜脸色好转，多多逗她说："想去过过当国王的瘾吗？"米娜好奇地瞪大了眼睛。多多拉着她沿着右侧的楼梯走上

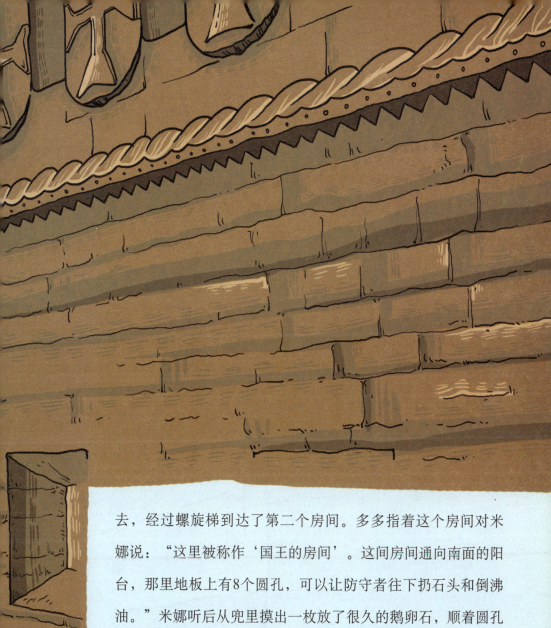

去，经过螺旋梯到达了第二个房间。多多指着这个房间对米娜说："这里被称作'国王的房间'。这间房间通向南面的阳台，那里地板上有8个圆孔，可以让防守者往下扔石头和倒沸油。"米娜听后从兜里摸出一枚放了很久的鹅卵石，顺着圆孔丢下去，咕噜噜，鹅卵石迅速滚下去，最后没了声响。

走出房间，在平台之上眺望河面，俯瞰整个贝伦区，在蓝幽幽的河水如泣如诉的流淌声里，米娜记住了这座被誉为"世界文化遗产"、葡萄牙最古老的建筑之一的贝伦塔。

第6章

圣若热城堡

　　"据说，那座古堡里住着一个漂亮的吸血鬼，每当白天的时候，他就收起苍白的脸色和大獠牙，化作一个风度翩翩的伯爵，与慕名而来的漂亮女子约会。有一天，这个漂亮的吸血鬼喝醉了……"多多眉飞色舞地讲着吸血鬼的故事，米娜也听得津津有味，路易斯大叔佩服多多编故事的能力，明知道马上快到圣若热城堡了，多多的故事却讲得越发恐怖，米娜不时皱紧眉头，捂住胸口，一脸惊恐的样子。

　　出租车停在圣若热城堡门口，三个人走下来，站在高高的拱门前，抬头仰望古堡。年代久远的石墙，颜色斑斑驳驳，有的地方砖石颜色新一些，有的地方旧一些，看起来城堡经历了很多次的修修补补。"古堡，毕竟是古堡，即使年代久远，显得有些破旧了，但是其当初华贵的气派，在岁月的冲刷中，并没有消逝。"路易斯大叔不觉发出了这样的感慨。

多多对米娜说："这座圣若热城堡是欧洲著名的十大古堡之一，建于中世纪，位于里斯本商业广场东侧一座小山顶上，是里斯本的制高点。在这里观察里斯本老城区，就可以看得非常全面而清楚。圣若热城堡已经被列入世界文化遗产，可以说这里是里斯本的发源地，整个里斯本老城区就是围绕圣若热城堡逐渐发展起来的。这座城堡原属罗马人和日尔曼人，公元8世纪起被摩尔人占领。1147年葡萄牙第一位国王康·阿方索·恩里克斯夺回里斯本后，曾在这里安营扎寨。"

　　米娜仰视着城堡，发现城堡某处的墙壁像中国的古长城一样，也留有一个一个的垛口，所以墙头看起来就像锯齿的形状。路易斯大叔买了门票，三个人慢慢步入古堡内。此时古堡刚刚开放，游人比较少，清冷的阳光照在古堡上，有一种神秘而冷清的气氛。多多突然对米娜说："还记得我刚刚讲过的古堡里吸血鬼的故事吗？"说完，呲着牙对着米娜做了个鬼脸，米娜一声怪叫，吓得跳起来，把路易斯大叔也吓了一跳。

　　古堡里古树成荫。在路易斯大叔的引导下，顺着石阶路，三个人依次参观了国王的雕像、青松翠柏和古老的橄榄树，还有古炮台。路易斯大叔抚摸着冰凉的、锈迹斑斑的炮身，对两个人说："这座炮台占据了里斯本的制高点，当年在守卫里斯本的战斗中发挥了巨大的作

用。当海盗从大西洋而来，沿着特茹河爬上岸时，是这里的大炮，居高临下，把海盗打得落荒而逃。现在，当年的大炮有很多零件已经残缺不全了，只有威武的、黑洞洞的炮管，还指向特茹河岸，昭示着那段历史。"

多多遗憾地说："现在的圣若热城堡，已经见不到当年的辉煌了。古堡主要由三部分组成：碉堡、哨塔和方型的主堡，以及用来防护的城墙。你们看，特茹河绕着古堡的围墙流过，它当年起到了类似护城河的作用。从圣迪尼斯时期到曼努埃尔时期，城堡一直被作为王宫，这里是庄严而优雅的场所，有花园、池塘、几只天鹅或孔雀。古堡先后被罗马人、西哥特人、摩尔人和基督教徒占据，多次被当作葡萄牙的军事和行政中心。1940年，葡萄牙对它进行了修复。"

　　庞大的古堡，游览一遍耗费了三个人不少体力。在米娜的要求下，三个人在古堡内的露天咖啡厅休息了半个多小时，点了咖啡要了点心，稍微填了一下肚子，积蓄体力，继续开始下一站的行程。

第7章

感受足球的热情

"罗纳尔多，C罗……"坐在电车上，多多嘴里念念有词。

路易斯大叔打趣道："昨晚布置的葡萄牙足球的功课没有做好吧？"

米娜开心地说："多多，放心，还有我呢，我帮你准备了好多。"

路易斯大叔转头问米娜："小女孩也喜欢足球吗？"

米娜扁扁嘴："路易斯大叔小瞧人，女孩就不能喜欢足球了吗？我对足球了解得可不少哦！"

路易斯大叔好奇地说："那米娜说来听听吧，大叔很感兴趣哦！"

"叮当"，电车已经把三个人带到了光明球场，路易斯大叔带着两个人下了车，走向光明球场。今天在光明球场有一场里斯本的俱乐部比赛，路易斯大叔决定带着两个人亲身感受一下葡萄牙的足球魅力。

路易斯大叔、米娜和多多三个人站在了光明球场的入口处，看着这座宏大的建筑，路易斯大叔问他们："你们谁了解光明球场呢？"

米娜马上抢着说道："光明球场的本名叫本菲卡球场，又叫卢斯球场。它是里斯本的一个专业足球场，是葡萄牙足球队本菲卡队的主场。它之所以又叫卢斯球场，是因为光明球场所在的堂区正好叫卢斯。卢斯这个词语在葡萄牙的语言中是'光明'的意思，所以大家又叫它光明球场。"

碗状的光明球场，观众席上已经坐满了疯狂的球迷。虽然是大夏天，也不是国家级的比赛，但是因为葡萄牙人崇尚足球，很多球迷还是坚持看低级别比赛或俱乐部的训练赛等。球场上两支球队正在互相厮杀，球在两个队之间争过来夺过去，双方一个球也没有进。

在看台上找了三个空闲的席位坐下，三个人切身体会到了葡萄牙人对足球的热情。很多球迷脸上画着足球，还有的手里晃着小旗子，在为自己喜欢的球队和队员加油。指着球场上拼搏的球员，路易斯大叔介绍说："这两支球队隶属于里斯本竞技足球俱乐部，该俱乐部创建于1902年，是葡萄牙足球水平最高的三大俱乐部之一，曾18次获得葡甲冠军，20次捧得葡萄牙杯，8次获得葡超级杯。菲戈、C罗等令葡萄牙球迷引以为豪的国际大牌球星均出自该队。"

多多崇拜地说道："太帅了！他们的动作，简直不是在玩足球，

而是在玩魔术，场上踢得真过瘾。"

米娜问路易斯大叔："场上的局面我不太懂，您能从技术角度简单评述几句吗？"

路易斯大叔笑着说："好，这两支球队都体现了葡萄牙足球的典型特点，即个人技术很全面，很细腻，在攻防时反应特别灵敏，速度也很快。但是在配合上，整体作战的能力相对弱了一点点。如果细腻的个人技术再加上良好的配合，那么葡萄牙队在世界杯上的表现会更好。"

米娜似懂非懂地点点头："那么，这种俱乐部内部的比赛，就是在彼此磨合，对吗？"

路易斯大叔点头："米娜理解得真快。下面继续看场上的比赛吧！"

多多已经激动地站起来，随着旁边振奋人心的敲鼓声，多多扭动着屁股，晃着手中的彩棒，为一个红头发的队员高声加油。火爆的场面，感染了米娜和路易斯大叔，二人也站起来，欢呼加油。当这个队员终于通过边线冲破了对方的层层阻挠，起脚射门的时候，整个光明球场的观众都沸腾了。

　　在人声鼎沸中，路易斯大叔开心地对米娜说："看，这就是足球王国葡萄牙人的热情，你感受到了吗？"米娜使劲点点头，兴奋的小脸红通通的。

第8章

令人惊叹的鳕鱼宴

连日的游览，让路易斯大叔、米娜和多多感到有些疲惫，所以今天他们决定休整一下。人一静下来，各种小欲望就会涌上心头。三个人走在用马赛克铺就的街巷里，想得最多的就是"吃"。路易斯大叔问两个人："今天午饭，你们想吃什么美味，给大叔说一下，我安排。"

米娜和多多对视了一下，多多说："葡萄牙是一个盛产海鲜的国度，到这里咱们是不是应该吃一顿海鲜大餐？"

米娜眨着洋娃娃般的大眼睛附和说："我听说这里的墨鱼、章鱼、鳗鱼和各种贝类挺多的，做的味道也很好，要不我们去吃这些？"

路易斯大叔说："不，我们今天去吃鳕鱼大餐。这可是葡萄牙人最钟情的一种鱼，据说是国菜，有365种吃法，每天吃一种，一年才能把所有的菜品吃个遍。"

多多好奇地问："听说鳕鱼产于北大西洋冷水域，主要是冰岛一带，并不是葡萄牙本土的海鲜特产，葡萄牙人为什么要舍近求远，钟情于鳕鱼呢？而且听说超市里卖的鳕鱼都是咸鱼，并不是鲜鱼。"

路易斯大叔说："这有一定的历史渊源，葡萄牙是一个航海强

国，他们的船队远渡亚洲、非洲和拉丁美洲等，船员在海上主要食用腌制的鳕鱼肉，这是因为鳕鱼肉结实，并且蛋白质含量极高，能够迅速补充人体营养。据说北欧人称鳕鱼为'餐桌上的营养师'，而葡萄牙人则称之为'液体黄金'。吃鳕鱼的习惯被保留下来，并且在国民中流传，于是鳕鱼就在葡萄牙出名了。据说世界上出产的大部分鳕鱼，都被葡萄牙人吃掉了。"

原来是这样，米娜和多多点点头，他们决定跟着路易斯大叔去吃"鳕鱼宴"。因为是国菜，找一家做鳕鱼的餐馆并不难，他们接连走过几家店铺，最后找到了一家处于街巷深处、环境比较幽静的餐馆。橡木圆桌、木凳，都是暗红的，白色的壁炉，蓝黄相间的色彩装饰的墙壁，白的桌布，透明的果汁杯子盛满明黄色的鲜榨果汁，整个环境温馨柔和。三人点了一份烤鳕鱼、一份鳕鱼丸子、一份布拉斯式鳕鱼，要了一杯红酒和三份三明治等。在刀叉的轻微脆响中，路易斯大叔和米娜、多多静静地享用起"鳕鱼宴"来。

在吃之前，路易斯大叔告诉米娜和多多："'烤鳕鱼'是把刮好的鳕鱼撒上蒜在炉子里烤，并加上蒸土豆和其他蔬菜，再浇上点橄榄油做成的。'鳕鱼丸子'是将打烂的鳕鱼肉与熟土豆泥、盐、芫荽末、胡椒等拌匀，做成橄榄球的形状，放入锅中炸出来的一道菜。'布拉斯式鳕鱼'是一种用鳕鱼肉丝加油炸土豆丝炒鸡蛋做出来的菜。"

　　带有明显葡萄牙风味的菜，一下子吸引了米娜和多多，两个人吃得津津有味。再加上其他甜点和饮料，使得米娜觉得自己的胃被撑得满满的。

　　然而米娜的胃不能消化这些食物，这些硬韧的鱼肉到了她的胃里，便开始翻江倒海地折腾起来。走出餐馆没有多久，米娜疼得脸色苍白、冷汗直冒，捂着肚子再也不敢挪半步了。路易斯大叔只好背起米娜，赶紧找诊所。躺在诊所的床上，医生给米娜打了针，治疗她痉挛中的胃肠。

　　幸好观察了一段时间后，米娜的危险症状解除了，路易斯大叔和多多才松了一口气。

第9章

参加托篮节

街上的喧闹吸引了旅馆里的路易斯大叔、米娜和多多，看着窗外热闹的游行队伍，路易斯大叔好奇地向旅馆主人打听。旅馆主人乐呵呵地说："今天是四年一度的'托篮节'，外面是参加'托篮节'的女孩们举行的游行活动。走在游行队伍前面，穿着白色服装，头上顶着巨型托篮的就是那些幸福的女孩子。"

"'托篮节'是什么啊？"米娜非常好奇地问。

　　多多抢着回答说："'托篮节'是葡萄牙的一个传统节日，它每四年才举办一次，和奥运会的举办时间是一样的。'托篮节'的历史可长哩，能追溯到公元伊始呢。在'托篮节'开始的那天，葡萄牙女子都会穿上像雪一样白的衣服，还会把一个巨大的篮子顶在脑袋上去参加游行呢。托篮的高度和女子的身高一样高，篮子里装满了各种各样美丽的纸花和美味的面包。葡萄牙的女子之所以会托篮子，就是告诉周围人，她已经成人了。所以'托篮节'也是当地女子成人的一种仪式。"

　　米娜趴在窗前，使劲跳脚看，可是游行队伍的主要部分已经走过

去了，米娜并没有看到那些顶着巨篮的女孩。看着米娜渴望的眼神，路易斯大叔对多多说："我们陪着米娜去看看那些托篮的姑娘吧！"多多点点头。于是两个人陪着米娜走出了旅馆，来到大街上。

大街上，很多穿着五颜六色服装的葡萄牙人，跟着游行的队伍在狂欢，很多外国游客端着照相机抓拍镜头。眼见游行队伍快要转过街角了，米娜拉着多多一路小跑，追赶前面的游行队伍，路易斯大叔在后面迈开大腿赶紧跟上。

在围观人群里穿梭的时候，米娜想用力推开那些强壮的葡萄牙人，迅速地赶上托篮的女孩们。可是人群太拥挤了，根本冲不过那一堵堵肉墙。机灵的多多一指游行队伍："有胆量不？我们

到游行队伍中间，跟着那辆花车，从花车上绕过去，就能赶上那些托篮的女孩了。"

一向很文静的米娜咬咬牙，说："好吧！"于是多多拉着米娜低头从缝隙里钻进游行队伍，从舞动、狂欢的表演者中间穿过去，来到花车前，多多一拧身，跳上了花车，紧接着把米娜也拉上了花车。

观众中有人发现花车上出现了东方女孩的面孔，发出了惊呼的声音，多多顺手从花车上捞起一个花环给米娜套在头上，拉着米娜在花车上灵活地往前端跑。多多的计划可苦了路易斯大叔，眨眼间两个孩子从眼皮子底下消失了，人群这样乱，走丢了怎么办？路易斯大叔赶

　　紧在人堆里踮着脚找，可是哪里能找到两个人的影子。

　　多多带着米娜从花车上跳下来，跑了没有多远，终于看到托着巨篮的女孩的身影了。女孩子们的篮子上装饰着各种漂亮的纸花，还有各种式样的面包。尽管篮子看着超大，可是对于这些葡萄牙女孩来说，顶起来没有什么困难。

　　一个托篮女孩对米娜很友好地笑了笑，米娜示意她想头顶她的巨篮试试，女孩友好地把巨篮递给米娜。巨大的托篮落到米娜的头顶上，米娜歪歪扭扭走了几步，突然连人带篮摔在地上。那个女孩赶紧捡起托篮，把米娜扶起来。

　　米娜狼狈地爬起来，对女孩道歉后，不好意思地赶紧拉着多多逃出了游行的队伍。

　　游行的队伍渐渐远去，米娜和多多坐在街边的石阶上等候路易斯大叔。没过多久，路易斯大叔满头大汗地挤出人群。

　　米娜关心地问："路易斯大叔，您没事吧？"路易斯大叔如释重负地说："没事，就是人多拥挤，你们以后可不许乱跑了。"

　　米娜和多多听后愧疚地点点头。

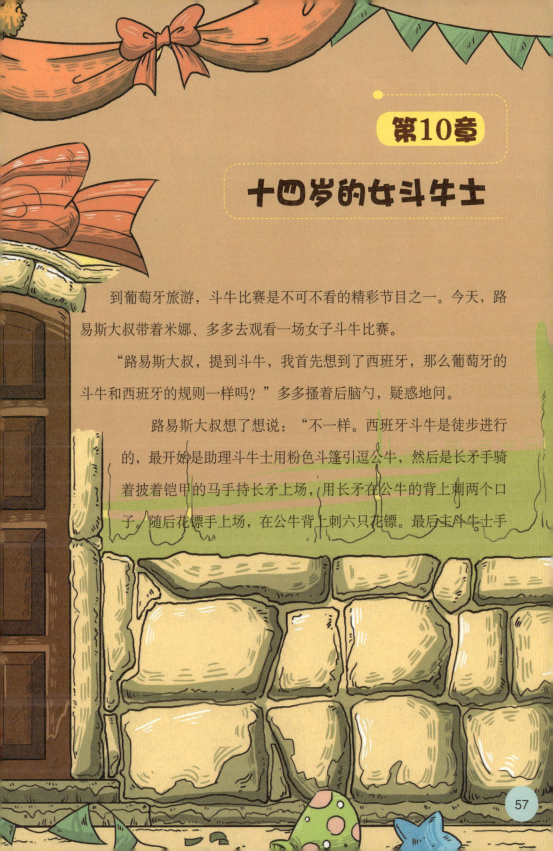

第10章

十四岁的女斗牛士

到葡萄牙旅游，斗牛比赛是不可不看的精彩节目之一。今天，路易斯大叔带着米娜、多多去观看一场女子斗牛比赛。

"路易斯大叔，提到斗牛，我首先想到了西班牙，那么葡萄牙的斗牛和西班牙的规则一样吗？"多多搔着后脑勺，疑惑地问。

路易斯大叔想了想说："不一样。西班牙斗牛是徒步进行的，最开始是助理斗牛士用粉色斗篷引逗公牛，然后是长矛手骑着披着铠甲的马手持长矛上场，用长矛在公牛的背上刺两个口子。随后花镖手上场，在公牛背上刺六只花镖。最后主斗牛士手

持红布上场，引逗公牛，引逗结束后用长剑刺穿公牛的背，刺破公牛的心脏将之杀死，如果公牛中剑后没有死去，主斗牛士会用一把十字头的利剑刺击公牛的中枢神经杀死公牛。而葡萄牙斗牛与西班牙有很大的不同：一是不当场刺死牛；二是牛的角尖已经被锯平。葡式斗牛主要步骤为：先是骑士斗，并使用长短不同的矛剑刺公牛的背，期间斗牛士手拿斗篷对公牛进行挑逗，压轴戏是斗牛士徒手抱住牛头将其制服。"

米娜听了仿佛松了一口气，面露喜色地说："我还是喜欢看葡萄牙斗牛，因为当场杀死活蹦乱跳的公牛，实在太恐怖了。"

多多点头说道："斗牛是伊比利亚半岛上葡萄牙和西班牙两国的传统运动。西班牙斗牛士在斗牛场杀死斗牛会被拥戴为英雄，但是在葡萄牙，斗牛士就没有如此风光了，如果他们当场杀死斗牛，会面临

牢狱之灾的祸患。早在1799年，葡萄牙就明令禁止在斗牛场杀死斗牛。但是从斗牛士刀枪下'脱险'的斗牛最终也难免一死，因为在比赛结束后，它们就会被送到屠宰场宰杀。"

正说着，他们已经来到观众席上。坐在简陋的观众席上，米娜兴致勃勃地说："女孩子也能斗牛吗？"

多多也有疑问："怎么个斗法，是单挑吗？还是一大群女子围攻一只公牛？"

路易斯大叔呵呵地笑了，他推了推遮阳帽望着场上说："你们的问题太多，让比赛替我回答吧！"

过了五分钟，一只雄壮的公牛被牵出来。这只公牛雄姿英发，两只大眼睛咕噜噜昭示着它精力十足、力大无穷。也许被关了太

久，这只公牛一获得自由便显得躁动不安。跟在公牛后面出场的是几
个英姿飒爽的葡萄牙女孩，头发扎得很利索，清一色的白衬衫和牛仔
裤，每个女孩的腰间都围着一尺多宽的红布。

　　路易斯大叔指着公牛对米娜、多多说："注意到没有，牛角用皮
革包着，避免挑到斗牛士。另外女斗牛士面对的公牛个头比男队的要
小一些。这场表演是徒手擒牛。"

　　只见发号施令的男子把手中的旗子一甩，比赛开始。公牛被放出
来，领头的女子，在公牛前面跳跃、闪转，用灵活的动作激起公牛的
注意力，让公牛追逐。其余女子，则在旁边瞅准时机，或者抓公牛的

角，或者按住公牛的身子。此刻的公牛正是战斗力最强的时候，怎么
会轻易被驯服？它见一名女子从它身旁一闪而过，便扬起两只后脚，
蹄子几乎踹到那个女子的肚子上。

米娜着急地"啊"了一声，两只拳头紧攥着，仿佛要冲上去帮
忙。路易斯大叔说："别害怕，米娜，这些女斗牛士早已经身经百战
了，公牛的这点小伎俩伤不到她们的。"果然，那名女子往旁边一
闪，就躲过了公牛的攻击，而这时另一名女子趁势按住公牛的脚，又
一名女子冲上来骑在公牛身上，其余女子一哄而上，使劲一按，公牛
就瘫倒在地上，半分也动弹不得了。看着漂亮的徒手擒牛场面，米娜

和多多兴奋地鼓掌叫好。

米娜跃跃欲试地说："要是我也能上场搏斗一下就好了。"

多多取笑说："要是你上去，指不定会变成'牛角挑美女'或者'牛踏美女'什么的。"

路易斯大叔鼓励米娜说："别听多多瞎说，你知道刚才骑在公牛背上起决定作用的女斗牛士多少岁吗？米娜，她只有大约十四岁。她能做到的，你将来一定也会做到的。"

米娜开心地张开手臂："哦——将来我也要做斗牛士喽。"

第11章
驻足辛特拉夏宫

这天午饭时，多多一直喋喋不休，批评米娜的"公主病"。"小女孩，都爱做梦，都梦想自己能变成公主，住皇宫，遇到白马王子。你也是这样，喜欢粉色的芭比娃娃，开口就是人鱼公主、白雪公主、茜茜公主，看到漂亮的葡萄牙民居，就问这是不是王宫啊，一副垂涎欲滴的样子。拜托，能不能成熟点！"

王宫，王宫，多多的话突然给了路易斯大叔灵感，是啊，待会儿就去辛特拉看看吧，那里有不少典型的王宫建筑。听说要去辛特拉，米娜高兴极了："多多，辛特拉是位于里斯本西北约40千米处的一座小城，那里依山傍水、山峦起伏，有郁郁葱葱的森林公园，以前是摩尔贵族和葡萄牙王室的避暑胜地，山上建了很多王宫城堡，颜色、造型非常漂亮。"

佩纳宫是他们此行的目的地。站在佩纳宫门口，仰视立在门头的巨大海神像，三人双手合十虔诚地做了祈祷。走进佩纳宫，路易斯大叔主

佩纳宫

动担当起导游的角色。他一边领着米娜和多多穿过漂亮高大的拱门，一边介绍道："这是一座充满浪漫主义色彩的宫殿，据说是19世纪葡萄牙女王玛利雅的丈夫费尔南多二世，送给心爱的妻子的礼物，为了建造这座宫殿，费尔南多费了不少心血。"

多多转头对路易斯大叔说："我发现佩纳宫的建筑很奇特，跟大杂烩似的。"

路易斯大叔说："好眼力，佩纳宫号称'建筑风格博物馆'，这里有阿拉伯清真式的尖塔、哥德式的塔顶、文艺复兴时期的屋顶、曼纽埃尔式的窗户等，另外城堡外观的色彩很独特，主要有红、黄、紫和灰色，还有雕刻精美的栏杆、立柱、雕像、拱门、墙壁等，融合在一起，使得佩纳宫美得像童话里的城堡。"

米娜突然想起了什么，她说："我要补充一段故事。佩纳宫的前身原是一座规模很小的修道院，里面住着18位修道士。18世纪，修道院遭到雷击被毁。1755年11月1日，里斯本发生9级大地震。这次毁灭性的地震和随之而来的海啸以及熊熊大火，毫不留情地将当时世界上最富有的葡萄牙王国首都里斯本化为一片废墟，修道院当然也未能幸免。1838年，国王费尔南多二世买下修道院及周边的一大块地产，把修道院废墟改建成葡萄牙皇家夏宫。国王和女王亲自参与建筑设计，给宫殿增加了许多异域元素，比如阿拉伯风格。1889年这座美丽的宫殿被政府收购，成为国家财产。1910年葡萄牙政府将其改成纪念馆和博物馆。后来将其重新粉刷、上色，还原了当年的风貌。"

多多和路易斯大叔认真地听着，边听边走上了二层。二层到处是装饰精美的房间，有国王和女王的卧室、客厅等，尽管年代久远，仍透露出一股皇家的威严和奢华之感。三个

人一个房间一个房间仔细看去，不禁为这股皇家的气派啧啧赞叹。

参观完宫殿，他们来到御花园。只见院里树木葱茏，池水澄澈，繁花似锦。米娜坐到一个石阶上陶醉地说："要是再穿上雪白的公主裙，在绿草地上慢慢走着，看着旁边池子里的白天鹅游玩，享受着幸福的时光，这种感觉就太美了！"

此刻夕阳正慢慢落下，整个城堡即将没入暮色中，多多问米娜："公主殿下，您今天在宫殿里或者在这御花园里独自享受一晚上，怎么样？我和路易斯大叔先回去。"

米娜激动地说道："我才不要呢，万一遇到古堡幽灵怎么办？我要跟你们回去！"

二人追追打打出了佩纳宫，路易斯大叔在后面笑呵呵地紧追着。

辛特拉佩纳宫

　　葡萄牙里斯本西郊的辛特拉镇是一座以巍峨的山势作依托的小城镇,是摩尔贵族与葡萄牙王室的夏宫所在地。之所以在辛特拉建夏宫,是因为这里树林阴翳、满目葱茏、风景怡人。难怪诗人拜伦把辛特拉喻为伊甸园。建造在翠绿色山上的粉红色佩纳宫是国王的夏宫,宫殿本身为多种建筑风格的大杂烩,兼具哥德式、文艺复兴式、摩尔式、曼努埃尔式,是19世纪葡萄牙女王玛丽雅二世的丈夫——费尔南多二世的心血结晶。它始建于1840年,竣工于1885年,即费尔南多二世逝世那年。由于深具文化价值,佩纳宫于1995年被联合国教科文组织列为世界遗产。

第12章

寻找OO7的踪迹

　　清晨，路易斯大叔起床，就听到多多房间里传出乒乒乓乓的枪支武器交火声，推开虚掩的房门，发现多多正在看007系列电影之《皇家赌场》。闻声跑来的米娜，翻看着多多借来的碟片说："哇，《太空城》《雷霆杀机》《明日帝国》……太厉害了，二十多部，都被你搜集齐了。"

69

多多拉着路易斯大叔的手说："太过瘾了，路易斯大叔，我喜欢007，我想去小说的诞生地看看。"

半个多小时后，三个人搭了顺风车来到卡斯卡伊斯。卡斯卡伊斯是葡萄牙的一个海滨城市，是一个很美的海滨旅游胜地。赤脚走在海滩上，细细的沙子和波浪亲吻着三个人的脚丫，路易斯大叔说："卡斯卡伊斯以前只是一个小渔村，它的繁荣有一段故事。据说19世纪后期，有一位叫路易斯一世的国王，因夏天首都里斯本酷热难耐，王宫的生活又让他感到乏味，他很想换个生活环境。这时他的臣子就建议他去卡斯卡伊斯，并说那里的海滨景色有多么多么美，气候怎么舒适。于是路易斯一世就带着随从来到这个小渔村，一看，这里的景

色、气候确实不错，于是开始派人马在这里修建王室的避暑山庄。后来这个小渔村逐渐声名远播，繁荣起来，直至今天成为旅游胜地。"

多多急切地问："那007的故事又是怎么从这里起源的？"

路易斯大叔说："走，跟我去一个地方。"

沿着石子铺就的路，他们来到了太阳酒店，坐在阳台上，望着远处金色的海岸、碧海蓝天，啜着清凉的饮料，路易斯大叔说："我们坐的位置，就是当年伊恩·弗莱明写007第一部《皇家赌场》的地方。"

多多接着问："那么弗莱明是怎么获得灵感，写007故事的？"

路易斯大叔继续讲他的故事："二战期间，卡斯卡伊斯是一个中立地区，这里间谍云集，成为著名的暗战之城。据说，同盟国和轴心国在这里都安插了大量谍报人员。当年纳粹德国和英国情报部门在这

里为争夺和控制温莎公爵，曾展开过一场惊心动魄的谍战，在英国人的帮助下，温莎公爵最终成功地从卡斯卡伊斯逃往百慕大。而007系列小说的作者伊恩·弗莱明在二战期间曾是英国著名的特工，卡斯卡伊斯是他间谍生涯中的主要战场，弗莱明曾在这里组织了一个代号为'30AU'的特工队，营救那些身陷纳粹占领区的重要人物并窃取敌方情报。弗莱明带领他的特工队，在这里为英国搜集了大量有用的情报。他最出色的成就是，成功策划了营救阿尔巴尼亚国王夫妇的行动。"

米娜急切地问："那他是怎么营救的？"

"当时国王夫妇的寓所被德军控制着，弗莱明让他俩化妆成清洁工混了出来，接着又故意制造了一起车祸，转移了德国卫兵的注意力，等德军发觉国王夫妇失踪时，弗莱明已经让他们乘坐意大利游艇抵达了卡斯卡伊斯。"

听完故事，多多兴奋地跳起来："哦，我明白了，弗莱明几乎就是在写他曾经的生活，那个007邦德的身上就有弗莱明自己的影子。"

路易斯大叔啜了一口饮料说："也不完全是，二战结束后，弗莱明故地重游，当年的往事激发了他的灵感，他想把当年惊心动魄的特工生活展示给世人，所以在这里完成了007第一部《皇家赌场》。很多故事都是想象加工出来的。"

米娜感慨说："哦，可惜弗莱明已经去世了，我们以后看不到007的新故事了。"

第13章

罗卡角——欧洲的"天涯海角"

　　路易斯大叔又开始卖关子了："大家都知道在中国海南省的三亚市，有个叫'天涯海角'的地方，许多游客都到那里去实现'走遍天涯海角'的梦想。可是你们俩知道吗？在葡萄牙的最西端，也就是亚欧大陆的最西端，也有一个叫'天涯海角'的美丽地方。同样，为了实现'走遍天涯海角'的梦想，大叔今天带着你们去那个地方！"

听闻此言，多多开心地说："我早就想去了。"米娜也高兴地拍手。

坐在车上，路易斯大叔问正在摆弄手机的米娜："罗卡角的资料，提前熟悉了吗？今天你可是我们的向导。"

米娜一指屏幕："没问题。下面本导游告诉各位，罗卡角是葡萄牙境内一个毗邻大西洋的海角，是一处海拔约140米的狭窄悬崖。它距离里斯本大约40千米，处于葡萄牙的最西端，也是整个欧亚大陆的最西点。人们在罗卡角的山崖上建了一座灯塔和一个面向大洋的十字架。'罗卡'的意思是岩石，岩石角上立着一块朴素的石碑，上面铭刻着数字和诗句。数字表示的经度和纬度，说明此地是欧洲大陆的最西端。碑上以葡萄牙语写着著名的一句话：'陆止于此，海始于斯'。罗卡角曾被网民评为'全球最值得去的50个地方'之一。"

路易斯大叔和米娜、多多站在十字架跟前，面向大西洋，迎向烈

烈的海风，任凭其撕扯着头发、衣服，强劲的海风似乎要把他们拖入悬崖。蓝色海浪一大波一大波涌来，击打在脚下的黑礁石上，被碰撞击碎，变为一块块飞花碎玉。放眼望去，海天一色，白色的海鸟在海天间翱翔，视野如此开阔，路易斯大叔不禁惊叹道："壮美啊！"

多多则附庸风雅地用葡萄牙诗人的两句诗，来描绘眼前的景色："海草满头，海鸥在肩。"

米娜却有点害怕地对路易斯大叔说："咱们还是退后一下吧，这个罗卡角有一股吸引力，站在这里我老有种想张开臂膀从这里跳下去的冲动。"听了米娜的话，路易斯大叔赶紧拉着米娜和多多的手，去往旁边一个好玩的地方。

原来每一个到这里游览的旅客，都可以花5欧元买到一份证书。这个证书上不光有罗卡角的地理位置图和葡萄牙国徽，而且还可以刻印上"XXX驾临欧洲大陆最西端"的字样。三个人各自花5欧元，买到了一份证书。米娜抚摸着证书上自己的名字，对多多问："你去世界各地景点游览的时候，刻过'XXX到此一游'的字样吗？"多多摇头。

路易斯大叔说："米娜，等下次看到这种行为，你可以建议景区也像罗卡角这样搞一个证书，这份证书可比那种乱刻乱画的行为高贵多了。"

"这个建议不错，我以后会照做的。"米娜高兴地拍手表示赞同。

多多指着罗卡角说："我觉得罗卡角之所以出名，除了刚才咱们看到的这些因素之外，还因为它靠近辛特拉佩纳宫和007的故乡卡斯卡伊斯。人们到这里来，可以顺道去领略王宫的威严与辉煌，感受007故事的神秘与刺激。"

路易斯大叔赞赏地说："分析得不错，看来，你也可以跟弗莱明一样尝试写悬疑推理小说了。"

第14章

王后的村落

从旅馆里被路易斯大叔莫名其妙地拖出来，米娜和多多就跟着路易斯大叔，开始了神秘的旅程。坐上巴士，经过了一个多小时的旅程，他们来到了一个宁静而美丽的白色小镇。

看到小镇，聪明的多多扑哧笑了："路易斯大叔，我知道这座小镇叫奥比都斯。它是葡萄牙王后的封地，这里接受王后的命令，遵守

王后定下的法律。因此奥比都斯又被称为'王后的村落'。"

漫步在小镇的街上，经常会看到一对对拍婚纱的青年男女，脸上挂着幸福的笑容。指着拍婚纱的年轻人，路易斯大叔问："你们还知道奥比都斯有哪些美誉吗？"米娜笑眯眯地说："奥比都斯还被誉为葡萄牙'最美的婚纱小镇'。很多幸福的男女都到这里拍摄婚纱照，这里满街都可以看到拍婚纱摄影的商户。青年男女们不仅喜欢这里宁静美丽的环境，还喜欢这里的爱情故事。"

多多抢着说："这个故事我知道。奥比都斯是一座靠海的小镇，很早就有人居住。13世纪时，王后伊莎贝尔来到此处，一下子就喜欢上了这座美丽的小镇。她认为这座小镇就像一颗镶嵌在大西洋岸边的

珍珠，想在此定居。看到王后如此喜欢这座小镇，宠爱王后的国王阿方索二世就把奥比都斯作为封地送给了王后。因为这个故事，奥比都斯又被誉为'白色婚礼之城''山谷间的珍珠'。"

路易斯大叔赞赏地看着两个人，夸赞说："真不错，这次准备功课做得好，连大叔我的'偷袭'行动，都没有获得成功。今天我可是准备好要考验你们一下的，你们给了我很足的信心啊！做旅行家就得这样，要提前准备，不能临时抱佛脚。"

顺着城门进去，行走在奥比都斯小镇的街头，眼前的景象美轮美奂。干净的鹅卵石小路、小巧可爱的房子，依着地势而建，层层往上延伸。房子的墙壁下半部分，大多用白色油漆漆成，上半截用各种彩

色的油漆漆成。每座小房子前都有个微型的花坛。里面种着各种小花和绿色养眼的植物。

看着低头忙着数鹅卵石的米娜和多多，路易斯大叔问两个人："你们知道这些房墙的上半部分，为什么漆成各种彩色吗？"

米娜站起身，摇了摇头。

多多说："找个当地的人问问吧！"

于是，路易斯大叔问了一个路过的人。在这个热情的当地人连说带比画的解释下，三个人终于搞明白了，原来是为了区分房屋产权的边界，即用单独的彩色证明：这是我的房屋。

顺着鹅卵石路，可以上到坡顶，多多好奇地问："那座城堡是做什么用的？"

路易斯大叔边走边解释："那座隐藏在坡顶绿树中的城堡，就是国王送给爱妻的礼物。从13世纪到16世纪，王后们一直享受着独立管理奥比都斯的特权，直到1833年，这里还听从王后的命令。因为这里环境优美而宁静，因此许多葡萄牙王室人员，选择在这里安享晚年。"

"哦，'王后的村落'确实名副其实啊！"米娜感叹道。

远处，是一对拍婚纱的年轻人，路易斯大叔建议米娜和多多过去和那对新人合影，米娜扭捏着不肯。路易斯大叔认真地说："一生能够到访奥比都斯的机会并不多，总该留点特色的纪念哦！"听了路易斯大叔的话，米娜和多多高兴地跑过去，邀请那对正在拍婚纱照的新人一起合影留念。

第15章

巴塞罗斯的公鸡

　　走在北方小城巴塞罗斯街头，两个人跟着兴致勃勃的米娜，连走了三条街，逛了十多家饰物店和陶瓷工艺品店。米娜一脸好奇地说："路易斯大叔，我有个奇怪的发现，葡萄牙人很喜欢鸡。所有的饰品店里都摆着鸡造型的工艺品，就连路灯上也有金鸡，盘子上也画着鸡。"

　　路易斯大叔说："米娜，你知道葡萄牙人很崇拜鸡是为什么

吗？"米娜表示不知道。

"那我来告诉你吧！传说从前有个朝圣者要去圣地亚哥朝圣，途经小镇巴塞罗斯，却被误当作小偷，他无论怎么申辩都被视为无效，被判处绞刑。临行前，法官突然决定召见他。当时法官正准备吃晚饭，餐桌上篮子里摆着一只香喷喷的刚出炉的烤鸡，朝圣者再次申辩，法官不为所动，被逼急了的朝圣者指着那只烤鸡说：'这只鸡将证明我不是小偷，它会为我鸣不平！'大家都不相信，可是奇迹发生了，那只烤鸡真的一抖身子，从篮子里站起来，对着囚犯仰着脖子，不停地打鸣。法官非常吃惊，就赦免了朝圣者。从此，巴塞罗斯公鸡就成为信任、公正和好运的象征。后来，这个故事在全国传开，葡萄牙全民族都把公鸡当作吉祥物。"

米娜听完了故事，高兴地跳起来说道："这个故事太逗了，我也喜欢巴塞罗斯的公鸡。我要买公鸡吉祥物带回去给爸爸妈妈。"

路易斯大叔说："有人说，葡萄牙的文化就是鸡文化。你看，葡萄牙的明信片、饰品、瓷器、软木塞等很多上面都有公鸡造型；足球被葡萄牙人称为'公鸡中的战斗鸡'；鸡蛋，是葡式蛋挞的主料，葡萄牙人说'鸡蛋是公鸡的儿子'；葡萄牙民间谚语中，许多都与鸡有关，譬如'老公鸡怎么叫，小公鸡就怎么叫'是劝人吸取前车之鉴。'会叫的公鸡不爱斗'说明越是平时不爱说话的人做事越有爆发力。'跟着鸭群的公鸡多淹死'是奉劝人别超出同类的圈子乱交朋友。而且，据说葡萄牙的书只要与公鸡沾边的，都很容易卖，《公鸡在港湾

鸣唱》就是一部相当有影响的小说。"

多多指着工艺品店对米娜说："在葡萄牙，最受欢迎的工艺品有两种：一是'花公鸡'，通常用陶土烧制而成，身上画有很多表示善良和正义的大红心。二是'变色鸡'，是塑料制品。造型是一只白毛红冠的鸡，它神气地站在一个圆木垫上，鸡的尾巴和翅膀上涂有化学物质，只要空气湿度一变，鸡身上涂料中的PH值就会随之变化，颜色也变为浅蓝、灰蓝、浅粉、粉色等。其中纯净的天蓝色代表晴天，粉红色则是阴雨天。很多到过里斯本的游客，大都会买上一只'变色鸡'，因为它确实太可爱了。"

路易斯大叔讲完了，米娜打趣地对多多说："我还知道一个'鸡

孩'的故事。据说在葡萄牙有个女孩，从小被患有精神病的妈妈关在鸡笼中，与鸡生活，靠吃鸡饲料活着。后来长到十岁的时候，被拯救出来，可是人的声音和动作在她身上完全消失了，吃东西时像鸡一样用两只手刨食，受惊时抖动双臂发出像鸡叫的声音。这个'鸡孩'后来被送去治疗，此事轰动一时。"

多多抱着头，痛苦地说："我的天，这真是一个'公鸡'的世界啊！我的头晕死了，咱能不能换个和公鸡无关的话题，你们再说鸡，我恐怕也要打鸣了。"说完，多多张开双臂，抖动着，发出公鸡打鸣的声音，惹得米娜和路易斯大叔哈哈大笑。

酒香四溢的波尔图

  路易斯大叔三人在一家精致的阁楼旅馆住下,洗了舒服的薰衣草浴之后,便开始睡舒服的觉。第二天醒来,他们便精神抖擞地坐上去往波尔图的火车。

  下了火车,站在波尔图街头,路易斯大叔问多多:"通过昨晚的查阅,你对波尔图了解多少?"

多多胸有成竹地说："波尔图是葡萄牙的第二大城市，是著名的'酒都'，这里出产的葡萄酒，享有盛名，销往世界各地。"

米娜笑眯眯地接着说："典型的波尔图酒，略带甜味，口感强，常用作饭前酒或者饭后酒，一般不做配餐酒，每次喝一两杯就可以。波尔图的葡萄酒，度数一般不高，在8～20度之间。通常，越是陈年老酒味道越香醇，酒的品质越好，但是波尔图的葡萄酒是有区别的，有些是越陈越好，但像配餐酒，则提倡当年产当年饮用。而且波尔图人为了保证其美酒在全世界的地位和价格，并不盲目高产，而是限制产量，波尔图的葡萄酒主要销往欧洲国家和美国。"

走在波尔图街头，闻着满街飘香的葡萄酒味，路易斯大叔深吸一口气："波尔图的葡萄酒，今天我一定要好好喝个够。"

多多摇头，说道："路易斯大叔，这里不是喝酒最好的地方，在波尔图，要想喝酒畅快，得去卡伊斯·德里贝拉大街，这条大街在杜罗河边上，街道两边全都是酒吧、餐馆等，很多外国来的游客，都会到这里过把酒瘾。"

听从多多的建议，路易斯大叔带着米娜和多多乘坐出租车赶到了卡伊斯·德里贝拉大街，找了一家不大的酒吧坐下。等待上酒时，路易斯大叔问米娜："想知道波尔图葡萄酒的来历吗？"

米娜点了点。路易斯大叔说："据说17到18世纪时，因为英法战争，法国不愿把本国产的波尔多美酒出口到英国，于是英国人把目光转向葡萄牙。在杜罗河坡地上英国人发现了一种葡萄酒，足以代替波

尔多酒，于是向葡萄牙王室提出了交换条件：葡萄牙向英国出口这种美酒，英国将帮助葡萄牙对抗日益强大的西班牙并出口精美的纺织品。英国人提出的交换条件打动了葡萄牙王室，于是双方达成了共识。可是从葡萄牙往英国运送葡萄酒，要经过很远的路程，运输过程中，货舱的温度一高，葡萄酒很容易就变质了。为了防止变质，水手往葡萄酒中加入白兰地。白兰地是一种烈酒，加入它之后，不但阻止了葡萄酒变质，而且生成了一种新的高浓度的甜酒，这就是波尔图葡萄酒。"

"哦，原来是这样的呀，我喜欢这个故事，也喜欢聪明的葡萄牙人。不过人们常提到'红酒'，那么'红酒'和'葡萄酒'是什么关系呢？"米娜开心地问。

多多摇晃着小脑袋说："红酒就是葡萄酒，这不是凭借酒的颜色而得名的。'红酒'以成品颜色来说，可分为红葡萄酒、白葡萄酒及粉红葡萄酒三类。其中红葡萄酒又可细分为干红葡萄酒、半干红葡萄酒、半甜红葡萄酒和甜红葡萄酒，白葡萄酒则细分为干白葡萄酒、半干白葡萄酒、半甜白葡萄酒和甜白葡萄酒。喝红酒，养颜护肤。"

米娜凑到多多脸上看了看，然后说道："你这么懂，是不是经常喝红酒呢？可是你皮肤不好哦！不过，我妈妈也说了，小孩子不能喝酒，会伤身体的。"

两个人正斗嘴间，葡萄酒端上来了，路易斯大叔不再理会两个人，端起酒杯慢慢品味起波尔图的葡萄酒来。

　　下午三个人的主要行程是泛舟杜罗河。多多指着河道说："泛舟杜罗河上，一定要关注两大景观：河中的'酒船'和两岸绵延数里的巨大酒窖。杜罗河上的'酒船'是一种保留了古老传统的造型奇特的黄色木船。杜罗河的上游有着无边无际梯田环绕的葡萄产区，出产高品质的葡萄酒。葡萄酒装桶后，人们用'酒船'将上游大小酒厂和家庭作坊酿制的酒经由杜罗河，运送到波尔图各个厂家，加工装缸或装瓶，贴上商标，存入酒窖。这是酿制葡萄酒非常重要的一环，因为葡萄酒酿造者坚信把新酒运入波尔图的这段水路过程中，酒与两岸飘来的新鲜空气有了接触，在进入酒窖贮藏前，酒充分吸收了氧分，更有

利于发酵出优质的葡萄酒。"

这时，经过仔细挑选，路易斯大叔已经挑好了一条红色的扯着彩旗的观光木船。坐在木船上，指着两边的建筑，米娜迫不及待地说："杜罗河两岸的这些建筑都是酒窖，不过朝向河面的这些建筑是酒窖对外的门市，是用来展示产品、洽谈生意用的。真正的酒窖藏在后面，其中大多数的酒窖是可以参观的。参观之余，不仅可以听闻葡萄酒知识的讲解，还可以品尝这些酒窖各自出产的品质口感独特的葡萄酒。每年九月是葡萄收获的季节，采摘之后马上酿制。临近冬季，这些葡萄酒沿水路被陆续运输到波尔图的酒厂调配，然后装入木桶贮存到这些酒窖中。"

路易斯大叔对米娜的回答非常满意。

第17章

葡萄牙的"威尼斯"

"今天，我们要去阿维罗喽，终于可以游水城喽！"米娜高兴极了，多多也非常高兴。阿维罗是个非常美丽的城市，他们对这个城市向往已久，因为这个城市里除了有很多风景，还有很多好吃和好玩的东西。

在火车上，路易斯大叔介绍说："意大利的水城威尼斯，世界闻名，是世界上风光最美丽的城市之一。无独有偶，在葡萄牙，也有一座城市，可以与威尼斯相媲美，被誉为'葡萄牙的小威尼斯'，这座城市就是阿维罗。阿维罗，是一座有历史有故事的城市。这座城市的历史可以追溯到新石器时代。据说14世纪的时候，葡萄牙国王若奥一世把这片沿海土地送给了他的儿子费利佩做礼物，费利佩就在这片土地上修建城市。后来费利佩继位，成为若奥二世，他把这座他用尽心血建立起来的美丽城市，送给了他心爱的妹妹做礼物。到1434年，在国王的授意下，阿维罗成为免税港，因为免税的原因，港口贸易变得更加繁荣起来。"

"哦，所以阿维罗一直繁荣到今天，成为葡萄牙非常重要的港口，对吗？"多多猜测说。

路易斯大叔摇头说："不，这座美丽的港口城市也曾经遭受过摧

残。16世纪末曾经有一场洪水席卷了阿维罗，大部分的建筑被冲毁了，直到19世纪，建造了人工大坝，阿维罗才重新繁荣起来，直到今天。"

到达阿维罗，三个人背着包，漫无目标地在街上闲逛。城市里到处是纵横交错的水道。在街道上漫步，米娜感叹说，在这里有在中国江南水乡的感觉。路易斯大叔告诉两个人："这些水道里的水，随着大海的潮涨潮落而有所变化。每当大西洋涨潮时，海水涌进水道，水道的水一波一波荡漾开来，接着水涨船高，那景观非常神奇。"

阿维罗的街道不是很宽阔，但是很整洁，车辆不多，很多骑自行车的人从他们的身边驶过，潇洒的动作、轻盈的车身，让多多羡慕不已。

路易斯大叔看出了多多的渴望，他逗弄多多说："要不，我们也找三辆自行车，进行环城游览。"

多多急切地问：“真的可以吗？那可太好了。想想我们骑着自行车在水城里穿行，看水、看风景，想歇就歇，想走就走，该是多么惬意的事情啊！”

路易斯大叔说：“当然可以，跟我走吧，肯定会有的。”

往前走了一段距离，他们果然看到了一片摆放自行车的地方。找到当地的管理人员，路易斯大叔出示了三个人的护照做了登记，然后管理人员就给三个人推过来三辆自行车，米娜选了粉色的，多多选了黑色的，剩下的蓝色自行车归路易斯大叔，三个人跨上自行车开始在阿维罗的街道上穿行。

多多一边摆出各种酷酷的样

子蹬着自行车，一边问路易斯大叔："租借这三辆自行车，他们收费多少？"

路易斯大叔哈哈大笑，"不花钱，这是阿维罗市政府推出的一项自行车免费使用计划，游客和当地人享受同等待遇，都可以租用政府提供的自行车，上下班、游览观光等都可以。"

米娜一边轻快地骑着自行车，一边说："这项计划好，既环保省钱，又锻炼身体！"

也许光顾着说话了，米娜一个不留神，自行车就窜出了车道，歪斜地倒在水道边的石阶上，车子损伤不大，倒是米娜差点掉进水道中，幸好一个在水道边观看风景的葡萄牙老人眼疾手快，一把捞住了米娜，米娜才没有倒栽葱式落入水中。

多多吓得来了个急刹车，路易斯大叔也被吓了一跳，米娜要是有危险，自己没法向老朋友交代啊！路易斯大叔对葡萄牙老人谢了又谢。老人远去了，多多、路易斯大叔扶着米娜来到水道边干净的石阶上坐下，查看米娜的伤势，幸好只是膝盖和手掌稍微擦破点皮，没有出血，没有大碍。缓过神来的米娜，从石阶上跳起来对路易斯大叔说："我没事，看，还是活蹦乱跳，我们继续骑自行车玩吧！"

路易斯大叔见拦不住米娜，便和多多一起站起来，并叮嘱两个人："阿维罗没有专门的自行车道，行驶过程中，一定要在最外侧的车道上行驶，还要注意经常通过的机动车，千万别撞到行人或机动车，在国外出了交通事故，处理起来是很麻烦的。"

米娜和多多两个人认真地听着，并努力记在心里。

阿维罗

　　阿维罗，是葡萄牙中北部的新兴城市，是利亚河的入海口。规划优美的建筑充满现代气息，城中的大型百货商场甚至与小城的规模不成比例。葡萄牙人喜欢称阿维罗为"葡萄牙的威尼斯"。这座水城的历史可以追溯到新石器时代，但它的发展是从近代开始的。制盐和海运是古代阿维罗的主要经济来源。15世纪初建造的城墙见证了阿维罗的辉煌，目前市内建筑大都建于19～20世纪。除了现代化交通工具，阿维罗还别出心裁地推出了一项自行车免费使用计划，当地居民和旅游者都可以免费使用市政府提供的自行车，用来上班、休闲或是参观游览。

第18章

糖果屋与蘑菇伞

　　骑着自行车，到哪个景点玩呢？三个人边骑自行车边规划，米娜想去海边看看，还想吃当地的美食；多多想去看欧洲杯足球赛场；而路易斯大叔最想坐着小船，看阿维罗的各个景点。争论的结果是多多和路易斯大叔败下阵来，于是两个人只好听从米娜的建议，先去海边玩。

　　米娜边走边说："这次带你们去阿维罗的海滩，这片海滩上有两大奇观，分别为糖果屋和蘑菇伞。"远远地看到海滩，米娜兴奋地

一指说，"看，就在那里！"路易斯大叔和多多果然看到了一片可爱的房子。米娜介绍说，"这些房子的色彩非常鲜艳，尖顶、屋顶以红色为主，而墙面由蓝色、白色、黄色等色彩装饰，这些彩色做成竖条状，相互整齐均匀地间隔开，使得房子看起来非常漂亮，就像糖果条一样，因此这些漂亮的楼房被游客们称作'彩色条纹屋'或'彩色糖果屋'。你别看这些楼房的外观很漂亮、很新，其实这些糖果屋已经有上百年的历史了。很多到过这片沙滩的游客，都会来看看这些漂亮的'糖果屋'。"

多多走到一座"糖果屋"的跟前，用手摸摸那些条纹，说道："路易斯大叔，我们能到这些楼房里参观一下吗？"

路易斯大叔说："现在时间有点晚，正是吃饭或午休的时间了，这样贸然打扰主人不好，我们从外面转着看一看，感受一下'条状糖果屋'的可爱吧！"

恋恋不舍地离开糖果屋，米娜带着路易斯大叔和多多来到海边。这儿沙滩的质地很细，而且白净干爽，也许是将近中午的缘故，沙滩上的游客不多，海滩上的游客大多躲在遮阳伞下吃午餐，或躺在折叠椅上闭目养神。

多多发现了新奇的东西，他指着海滩上的遮阳伞说："看，这里的遮阳伞真独特。"

米娜笑着说："这就是我给你们推荐的圆形'蘑菇伞'。其他地方的海滩用的是遮阳伞，这里用的是'蘑菇伞'，'蘑菇伞'因样子像蘑菇而得名，材料全是天然植物，伞面是将一种黑褐色的野草一层层扎起来做成的，共分为三层，遮阳效果特别好。圆形'蘑菇伞'竖立在沙滩上，与白沙滩、蔚蓝的大海映衬着，显得特别可爱。"

多多跑到沙滩边上，一个个数去，发现这些遮阳伞的伞面确实由三层草组成，伞柄靠下部分，还有小圆托盘，看着真像个大蘑菇。

路易斯大叔对两个人解释说："这种蘑菇伞，遮阳效果非常好，尽管不时尚，但是更有种古朴原始的味道，所以很多人会来这边的沙滩玩。"三个人放下自行车，来到沙滩上，米娜调皮地赤着脚，在沙滩上慢慢地走。多多和路易斯大叔则坐到一棵蘑菇伞下，躺在阴凉里。

躺了有半个小时，当身体的疲累消除的时候，肚子开始咕咕叫了，该是吃午饭的时刻了。说到吃，孩子是最有发言权的，多多提议吃烤乳猪。饥饿，让大家的胃口变大，说到"烤乳猪"，米娜和路易斯大叔马上放弃了自己的计划，大家一致同意吃烤乳猪。事不宜迟，三个人马上精神百倍地从沙滩上爬起来，骑着自行车风驰电掣地赶回阿维罗市里。

在街头广告上搜寻，很快几个人锁定了一家餐厅，这家餐厅的特色就是烤乳猪。在侍者导引下，坐到一张靠窗的桌子前，三个人要了大份的烤乳猪，然后路易斯大叔要了葡萄酒，米娜和多多则选了鲜榨

橙汁。红澄澄的油亮的烤乳猪一会儿就端上桌了，整齐的长条肉块码在大盘子里。多多指着盘子说："这就是葡萄牙美食'烤乳猪'，它的制作流程是：先用橄榄油、葡萄酒、黑胡椒、百里香、大蒜等调料制作的调味汁进行腌渍；烘烤的过程中要在表皮涂上橄榄油，保证肉质柔嫩不干，皮香肉嫩；上桌时要豪迈地切成大块，配以爽脆的薯片和多汁的蜜橙，口味更具层次感；最后香浓的鲜胡椒浇汁把味觉享受推向巅峰。怎么样，开吃吧！"

饥肠辘辘的三个人，马上拿起刀叉向"烤乳猪"发起了进攻。

第19章

奇怪的彩绘船

酒足饭饱之后，三个人在餐厅里坐了一会儿，便决定去领略一下水城阿维罗的水上风景。

走出餐厅，路易斯大叔问多多："阿维罗的资料搜集了吗？"

多多挺直了胸脯，响亮地回答："没问题。下面作为导游，我介绍一下阿维罗水路的情况。阿维罗是一座被泻湖围绕的小城，城里有两条运河贯穿，它们的支流在阿维罗被切割出许多细长的水道。水道上船只如梭，与小拱桥交织成美

丽的风景线，因此使阿维罗有了'葡萄牙的威尼斯'的美誉。我们可以预定一条小船顺着水道参观整座城市，水道的两边，有很多18世纪遗留下来的商铺，这些商铺的墙壁用漂亮的瓷砖装饰着，还有很多音乐茶座，可以边游玩边听各种各样的音乐。"

来到水道边的一处小码头，三个人想租一艘小船，看着码头上停泊的船只，米娜和多多眼花缭乱，不知该选哪一种，是选择人工的小船，还是摩托艇呢？突然，米娜指着从眼前驶过的一艘船说："我要坐那种船！"

多多顺着米娜手指的方向，看到那艘漂亮的彩绘船，扑哧笑了："不行，你不能租那种船。"

"为什么呀？"米娜扑闪着大眼睛。

多多神秘地说："你没发现那些彩绘船上画着神秘的图案吗？谁如果坐上那种船，就会作为祭品被巫婆丢到水里去祭奠海神。"

米娜害怕极了，她使劲地摇晃小脑袋："多多，打死我也不要坐那种船，我可不想在这座水城丢掉性命呢。"

看着两个孩子斗嘴，路易斯大叔开心地大笑起来："走吧，我们去见识一下你害怕的魔鬼船吧！"

多多捂着嘴偷笑，路易斯大叔说："米娜，多多在吓唬你呢，那种彩绘船不是魔鬼船，但也不是旅游船，而是一种肩负商业用途的船，它的名字叫摩里西罗。其真实面目是海藻收割船，船夫驾着它们用叉耙将沉在阿维罗礁湖底的海藻刮下

来，带到岸边晾晒干了，作为肥料卖给附近的农民。只不过，如今各种化肥大量生产，这种绿色无污染的传统的海藻肥料反倒逐渐失去了市场，所以摩里西罗——这种海藻收割船的数目正在急速衰减中。"

米娜有些遗憾地说："多漂亮可爱的海藻收割船啊，比我们家乡的旅游船都漂亮，可以改作旅游船只啊！"

多多补充说："看看，那些摩里西罗彩绘船，画的图案真漂亮，有动物图腾图案，有的是自然花卉，还有民族娃娃等，而且颜色都特别抢眼。据说在阿维罗，这些彩绘船还要举行选美比赛，时间在每年的3月份，为期一个月，比赛特别隆重，场面特别热闹，如果谁的摩里西罗成为选美冠军，那绝对是很光荣的一件事情。"

米娜扁扁嘴："可惜我们没赶上。"

  路易斯大叔已经谈妥了摩托艇，是尾部呈方形、船头尖尖的那种，三个人坐上摩托艇，穿上救生衣，路易斯大叔仔细检查了米娜和多多的救生衣和安全带，见没问题了，主人开动引擎，摩托艇突突地在蓝色的水道上行驶。

  深蓝色的水道，两边整齐的石头砌成的护栏，呈现米黄色。过了人行街道的两边，就是错落有致的楼房，白色的，灰色的，米白的墙面上，贴着细致的、花样繁多的瓷砖，在阳光照耀下，闪着亮光。阿维罗是流行慢节奏的，在人行道上，到处是慢悠悠步行的游客和当地的居民，他们一脸的安闲。

  虽然没有坐上摩里西罗，但是在河道里经常会见到满载着海带的摩里西罗，这多少安慰了米娜的遗憾。米娜遗憾地说："唉，真可惜了这些漂亮的彩绘船了。"

第20章

石头城蒙桑图

　　"孩子们，听说过蒙桑图吗？"路易斯大叔问米娜和多多。多多和米娜都表示没有听过。

　　路易斯大叔继续问："那听说过'石头城'吗？"

　　多多点头说道："当然了。古老的葡萄牙，有神秘的原始文化，这些原始文化很多体现在古老的建筑上。在葡萄牙的埃什特雷拉山脉中的一个高高的悬崖上，就保留着这么一片古建筑群，人们叫它蒙桑

图小镇。石头是小镇的主要建材，小镇又是坐落在巨石中。有人说，到了蒙桑图，仿佛回到了石器时代，满眼都是石头，而镇上的那些房子，被人们称为'石屋'。因为蒙桑图在葡萄牙人的眼里很神秘，加上蒙桑图很小，交通也不方便，所以很多葡萄牙人只是听说，但其实并没有去过。"

　　倒了几次车，步行了很远的路，他们终于到达了蒙桑图，一座名副其实的石头城。路易斯大叔领着两个人，顺着碎石铺成的路面，走进了蒙桑图。石头路，歪歪斜斜，向小镇深处延伸开去。石头路两旁是石屋，石屋垒积石头做墙面，有的直接用巨石做屋顶，有的依靠巨石而建，巨石自然而然成了院墙。还有的石屋依据地势，建造在岩石的脚下，站在院门口，仰视摇摇欲坠的巨石，真有种惊心动魄的感觉。

"我害怕！"米娜惊恐地拉着路易斯大叔和多多赶紧离开，生怕巨石突然滚落下来，对他们造成伤害。

　　多多安慰说："别怕，12世纪时当地人就在这片巨石丛中建造房屋，要是结构不稳定，这些石屋、巨石早塌陷了，不会现在才破裂的。"

　　站在巨石的阴影里，看着冷清的街道，和那些冰冷的石屋，感受着穿堂而过的冷森森的风，米娜说："这里怎么有种诡异、恐怖的气氛。"

　　路易斯大叔对米娜说："别害怕，虽然由于交通不便，蒙桑图比以前萧条了许多，但是这里还是有居民的，你看有些房间，不是有空调机吗？"

　　多多说："路易斯大叔，你看这些石头房子，不是很高，窗户也

不是很多，房子里会不会很阴暗、潮湿？"

路易斯大叔赞许地说："还是多多善于思考。房子虽然不像我们住的旅馆那么明亮，但是不会很阴暗的，而且降雨后，雨水很快会顺着屋顶、墙壁和街道的石头上流走，不会渗水，所以屋子里不会潮湿。这么高的地势，从采光到干燥度，都应该是不错的。"

调皮的米娜不再害怕，她脱下凉鞋，在石头表面的青苔路上慢慢走，脚下的触感软绵绵、滑溜溜的。米娜用手摸摸石墙上的青苔，然后说道："你们看，这些青苔真美，像厚厚的毡毯覆盖在石头上，把石头装饰得这么美。"路易斯大叔也过来查看石头上的青苔，像米娜一样感受这些青苔的质感。

看到这么原始的小镇，多多怎能错过拍照的机会，他对着小镇的每一个地方都拍照。为了拍到蒙桑图的全貌，他努力爬上最高的那块巨石，俯瞰小镇，搜寻着适合拍照的最美的角度。他一边拍，一边喃喃自语："真美啊，灰白的石头、红色的房顶、白色的窗户、绿色的青苔和绿萝，简直是童话王国啊！"

看多多蛮有兴致的样子，路易斯大叔不再催促他们往小镇深处走，而是斜靠在一块巨石上休息。他很有成就感地对两个人说："怎么样，带你们来对了吧？蒙桑图，最初是一座城堡小镇，后来城堡和教堂塌陷了，在20世纪30年代，蒙桑图被选为最具特色的葡萄牙小镇，后被联合国教科文组织列为文化遗产，所以小镇就受到了保护，并且声名远播了。"

米娜补充说："我听说，石头城蒙桑图被人称为'葡萄牙最葡

萄牙的一个村庄'，这个称呼挺有意思的。"

多多神秘地问："米娜，你知道蒙桑图为什么会有这个称呼吗？"米娜疑惑不解地摇头。

路易斯大叔嗤嗤笑了说："多多逗你玩呢！因为这里保留着最具葡萄牙建筑特色的建筑群，是葡萄牙人祖辈的创意和独具匠心的体现，是葡萄牙文化的根。"

"哦。"米娜似懂非懂地点点头，"我记住石头城了，回去之后，我一定介绍更多的朋友到石头城观光。"

米娜正说着，忽然轰隆一声，路易斯大叔斜靠的那块大石突然滚落下去，路易斯大叔反应机敏，迅速翻到旁边的另一块石头上，双手抱住了石头的一角，只见刚才那块大石已经砸在一堆乱石上，被支撑住不动了。

　　米娜惊恐地对多多说："你看，刚才你说巨石没事，现在怎么样，滚落下去了吧，差点伤害到路易斯大叔。你说话一点也不靠谱。"

　　多多从那块最高的巨石上爬下来，查看路易斯大叔的伤势，路易斯大叔惊魂未定地从旁边的石头上爬起身，说道："真险，幸好我反应迅速，要是真跌下去就有生命危险了。"

　　多多收起相机，和惊恐的米娜扶着路易斯大叔赶紧离开石头城，虽然刚才是偶发事件，可是谁也不敢再保证不会有事故发生了，于是三个人辗转坐上车，离开了此地。

第21章

再见，里斯本

　　就要挥别里斯本、告别葡萄牙了，三个人在里斯本的一角，找了一个看起来很大的跳蚤市场，在跳蚤市场里淘宝。市场里有几百个摊位，有卖古玩瓷器的，有卖巴塞罗斯公鸡的，还有卖各种小瓶装葡萄酒的，更有卖各种小吃和其他好玩的艺术品的。三个人一边走一边讨价还价，一路买些便宜的小玩意。多多是个小摄影迷，对什么都好奇，什么都要问个明白，见到什么都想拍照，此刻米娜担任起了小小

摄影师，不时为摆各种造型的多多抓拍奇怪的造型。

　　到了中午吃饭的时候，在多多提议下，三个人决定大吃一顿，再次品尝葡萄牙的特色美味。路易斯大叔带着两个人选了一家中型的餐厅。

　　三个人津津有味地饱餐了一顿，回旅馆收拾好行囊，退掉房间，搭上出租车，直奔火车站，开始探访下一个国家的行程。路上，看着美丽的里斯本街头，三个人都有些恋恋不舍。